La petite souris
et la dent

Texte de Virginie Hanna
Illustrations de Delphine Bodet

AUZOU

Citronnelle, souris des moustaches jusqu'aux pattes, est pâtissière. Devant son comptoir, au niveau du museau des petits, sont placés des tas de gâteaux et de sucreries.

y'a bon
CHOCO

Chaque nuit,
Citronnelle a une
mission à accomplir.
Avant de partir, elle
glisse une grosse poignée
de bonbons dans son
baluchon.

Car Citronnelle
a un secret : elle est experte
en dents de lait !

Un soir, elle découvre une dent incroyable près de son paillasson.
D'un œil connaisseur, elle remarque tout de suite que sa forme est différente de ce qu'elle a l'habitude de voir.
Mais à qui appartient cette dent ?
Elle décide de mener sa petite enquête...

DÉLICES
CHOCOS
GÂTEAUX
BONBONS

Elle frappe chez Firmin et lui demande s'il n'a pas perdu une dent. Firmin rigole en croquant dans un gros chou :
« Je n'ai pas ce genre de problème, dit-il en ouvrant la bouche.
– Nom d'une quenotte ! s'étonne Citronnelle.
Cette dent inconnue ne ressemble en rien à celle d'un lapin.
Par mes moustaches, à qui donc appartient cette dent ? »

Elle file chez Cerfeuil,
qui l'accueille avec un large sourire.
« Nom d'une quenotte !
s'étonne Citronnelle.
Cette dent inconnue ne ressemble
en rien à celle d'un écureuil !
Par mes moustaches, à qui alors
appartient cette dent ? »

NESTOR

Elle court frapper à la porte d'à côté. Nestor bâille tant et si fort que Citronnelle repart aussitôt, sans qu'il sache pourquoi.

« Nom d'une quenotte ! s'écrie Citronnelle, agacée. Cette dent inconnue ne ressemble en rien à celle d'un castor ! Par les frisettes de mes moustaches, à qui donc peut bien appartenir cette dent ? »

Citronnelle réfléchit.
Si cette dent n'est pas à Firmin le lapin,
ni à Cerfeuil l'écureuil et encore moins
à Nestor le castor, à qui peut-elle bien être ?

« Nom d'une quenotte et d'une question
qui tournicote ! » s'énerve Citronnelle.

Mais elle n'est pas du genre à baisser les pattes.
Elle fait sonner la cloche pour rassembler
les habitants du village.

Citronnelle scrute toutes les dentures.
Mais aucune dent ne manque à l'horizon,
ou, en tout cas, pas de cette taille
ni de cette forme-là.

Il ne reste plus que Paillasson le hérisson, qui ne fait que parler.
Il n'a même pas besoin de faire un grand « ah »
en ouvrant la bouche.
Citronnelle voit bien que ses dents ne ressemblent
en rien à cette dent perdue.

Soudain, Citronnelle dit en tremblotant :
« Nom d'une quenotte !
Il manque quelqu'un à l'appel. Nougat le chat n'est pas là ! »

Citronnelle entend quelqu'un pleurer,
caché derrière un buisson. Elle s'approche
et découvre Nougat, les yeux pleins de larmes.
Tout en reniflant, Nougat dit tristement :
« Cette dent est à moi !
J'ai cru que je mangeais une croquette,
mais c'était un caramel.
Depuis, j'ai mal, ma gencive est douloureuse ! »

Elle s'approche de Nougat.
Aïe ! Citronnelle essaie de ne pas se laisser impressionner.
Une bouche de chat, c'est affolant quand on est une petite souris.
Elle frotte la gencive de Nougat avec un clou de girofle.

Nougat n'en revient pas et crie :
« Citronnelle, tu m'as sauvé ! Je n'ai plus mal du tout ! »
Il veut lui faire une grande lichette, mais notre petite souris ne tient pas vraiment à recevoir un bisou... de chat !

TAXI
CHAT

Pour la remercier, Nougat décide de transporter chaque soir Citronnelle et toutes ses surprises qui doivent aller sous les oreillers.

Un taxi chat pour la petite souris, on n'a jamais vu ça !
Et une souris dentiste pour les chats, ça non plus, ça n'existe pas !
Mais, foi de Citronnelle, on n'a jamais rien vu de si pratique
qu'un chat et une souris qui font équipe...

Direction générale : Gauthier Auzou
Direction éditoriale : Florence Pierron
Maquette : Annaïs Tassone
Relecture : Anne Placier
Fabrication : Lucile Pierret

Loi n°49-956 du 16 juillet 1949 sur les publications destinées à la jeunesse.
ISBN : 978-2-7338-1368-3

www.auzou.fr

Mes p'tits albums

OK